한국특수교육진흥협회 추천교재

초등기초
문장
완성

저자 민달팽이 교재연구회

문장이 술술~

도서출판 민달팽이

머리말

 이번 발간한 "초등 기초 문장 완성"은 언어 장애로 어려움이 있는 아동들에게 기초 문장 학습지도를 통해 문장의 구조를 이해하도록 제작되었습니다.

 다양한 문장 완성 하기를 통해 문장의 구간을 이해하여 아동들의 어휘력 향상에 도움이 될 수 있도록 이루어져 있습니다.

 이 책을 통해 기초학습이 지루하지 않고 재미있고 즐거운 경험이 되기를 저희 민달팽이 교재 연구회 선생님들 모두 바라봅니다. 감사합니다.

민달팽이 교재연구회

초등기초 문장 완성

첫 글자 맞는 자음을 오려 붙여 보세요.

꽃 이름을 읽고 상자에서 글자를 찾아 보세요.

장	베	쑥	부	쟁	이	금
미	고	백	일	홍	화	잔
옵	니	앵	초	수	선	화
히	아	신	스	바	바	해
나	팔	꽃	화	람	과	바
이	가	초	롱	꽃	꽃	라
무	궁	화	유	팬	지	기

해바라기	바람꽃	베고니아
백일홍	장미	쑥부쟁이
나팔꽃	초롱꽃	금잔화
무궁화	수선화	히아신스
앵초	과꽃	팬지

5

그림에 어울리는 도움말을 [보기]에서 찾아 적어보세요.

보기   보다   에게   에서   하고

나는 동생 _____ 키가 크다.

하늘 _____ 눈이 내린다.

누나가 동생 _____ 선물을 주어요.

동생은 나 _____ 자주 싸운다.

그림에 어울리는 도움말을 골라 보세요.

독수리 은 / **는** 크고,
벌 은 / 는 작다.

토끼 은 / 는 서 있고,
곰 은 / 는 앉아 있다.

하늘 은 / 는 높고,
바다 은 / 는 깊다.

소리가 같은 단어를 줄로 이어 보세요.

소리가 같은 말을 줄로 이어보세요.

보기 베다   깨다   묻다

풀을 ☐☐.

사람에게 길을 ☐☐.

베게에 얼굴을 ☐☐.

베개을 ☐☐.

그릇을 ☐☐.

잠을 일찍 ☐☐.

'언제' 하는지 나타내는 말을 읽고 배워보세요.

어제		탈 거예요.
지금	자전거를	탔어요.
내일		타고 있어요.

어제		했어요.
지금	달리기를	하고 있어요.
내일		할 거예요.

그림에 알맞은 말을 골라보세요.

나는 어제 병원에
- ☐ 갔다.
- ☐ 간다.
- ☐ 갈 것이다.

오늘은 아파서 집에
- ☐ 있었다.
- ☐ 있다.
- ☐ 있을 것이다.

내일은 꼭 나아서 학교에
- ☐ 갔다.
- ☐ 간다.
- ☐ 갈 것이다.

물건을 보고 알맞은 단위를 써보세요.

보기 대   장   자루   포기   켤레

자전거가 두 _____ 있습니다.

연필이 세 _____ 있습니다.

양말이 한 _____ 있습니다.

배추가 네 _____ 있습니다.

색종이가 다섯 _____ 있습니다.

그림을 보고 짝이 되는 반대말을 이어보세요.

서다 / 앉다

웃다 / 울다

열다 / 닫다

길다 / 짧다

그림을 보고 짝이 되는 반대말을 이어보세요.

그림을 보고 짝이 되는 반대말을 이어보세요.

무겁다   가볍다    넓다   좁다

얕다   깊다    높다   낮다

그림을 보고 짝이 되는 반대말을 이어보세요.

그림에 어울리는 글자를 찾아보세요.

| 매운 / 하얀 | 떡볶이를 | 맛있게 / 차갑게 | 먹는다.

| 넓은 / 가벼운 | 운동장을 | 싱겁게 / 힘차게 | 달린다.

| 빨간 / 매운 | 사과가 | 함께 / 많이 | 열렸다.

초등기초 문장완성

그림에 어울리는 '꾸며주는 말'을 생각해 적어보세요.

☐☐ 사과가 열렸어요.

벼가 ☐☐☐ 익었어요.

하늘에 구름이 떠 있어요. ☐☐☐

머리를 ☐☐☐ 빗어요.

과자를 ☐☐☐ 먹어요.

책을 ☐☐☐☐ 읽어요.

그림에 어울리는 '꾸며주는 말'을 생각해 적어보세요.

언니는 수영을 잘해요. ☐☐

오빠는 수영을 할 줄 알아요. ☐☐

나는 수영을 ☐ 못해요.

귀여운
☐ 아이

뜨거운
☐ 햇볕

차가운
☐ 아이스트림

그림 보고 알맞은 풀이말을 적어보세요.

눈물이 _____.
(무엇이)   (어찌하다)

학생이 _____.
(무엇이)   (어찌하다)

모래성이 _____.
(무엇이)   (어찌하다)

도둑이 _____.
(무엇이)   (어찌하다)

그림 보고 알맞은 풀이말을 적어보세요.

비행기가 _____.
(무엇이)   (어찌하다)

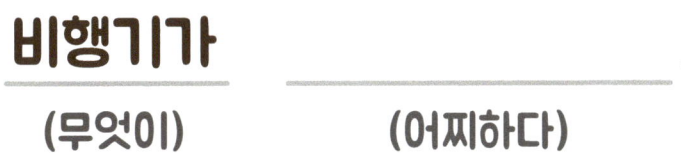
기차가 _____.
(무엇이)   (어찌하다)

강아지가 _____.
(무엇이)   (어찌하다)

공이 _____.
(무엇이)   (어찌하다)

그림 보고 알맞은 풀이말을 적어보세요.

꽃이 _____.
(무엇이) (어찌하다)

피자가 _____.
(무엇이) (어찌하다)

바다가 _____.
(무엇이) (어찌하다)

송곳이 _____.
(무엇이) (어찌하다)

그림 보고 알맞은 풀이말을 적어보세요.

형은 _____.
(무엇이)   (무엇이다)

할아버지는 _____.
(무엇이)   (무엇이다)

삼촌은 _____.
(무엇이)   (무엇이다)

고모는 _____.
(무엇이)   (무엇이다)

그림 보고 알맞은 풀이말을 적어보세요.

말이 _____.
(무엇이)　　(어찌하다)

개가 _____.
(무엇이)　　(어찌하다)

나비가 _____.
(무엇이)　　(어찌하다)

새가 _____.
(무엇이)　　(어찌하다)

그림에 어울리는 의태어를 골라보세요.

 데굴데굴 / 펄럭펄럭

 펄럭펄럭 / 방글방글

 데굴데굴 / 파릇파릇

 빙글빙글 / 파릇파릇

그림에 어울리는 의태어를 골라보세요.

갈매기가 [훨훨 / 둥실둥실] 날아갑니다.

풍차가 [훨훨 / 빙글빙글] 돌아갑니다.

배가 [둥실둥실 / 훨훨] 떠다닙니다.

그림에 어울리는 의태어를 골라보세요.

깡충깡충   엉금엉금

뒤뚱뒤뚱   폴짝폴짝

그림에 어울리는 의성어를 골라보세요.

야옹　짹짹　꿀꿀
꽥꽥　멍멍　음매

그림에 어울리는 의성어 따라 써보세요.

 땡 땡

 따르릉

 째 깍 째 깍

 꽥 꽥

 꿀 꿀

 꼬끼오

상태를 나타내는 말을 따라 써보세요.

움직임을 나타내는 말을 따라 써 보세요.

느낌을 나타내는 말을 따라 써보세요.

행동을 나타내는 말을 따라 써보세요.

전화해요

"이게 뭐예요?" 질문에 맞게 대답하기

이게 🕶️ 이에요?

네, ☐☐☐☐☐.

이게 👖 이에요?

아니오, ☐☐☐☐☐☐☐☐.

이게 🧦 이에요?

아니오, ☐☐☐☐☐☐☐.

그림 속 상황을 보고 문장을 완성해 보세요.

햄버거가 ☐☐☐☐?

네, 맛있어요.

어디에서 ☐☐☐를 타요?

공원에서 타요.

몇 살이에요?

☐☐☐☐이에요.

사과가 ☐☐☐?

아니요, 없어요.

질문에 맞는 대답 완성해 보세요.

그림에 맞는 문장 완성해 보세요.

아빠하고 엄마는
☐☐☐☐☐☐☐.

동생하고 저는
☐☐☐☐☐☐.

할아버지하고 할머니는
☐☐☐☐☐☐☐.

대답에 알맞은 질문을 찾아보세요.

질문 1) 얼마인가요?　　　[　　]
　　　　2) 무엇을 드릴까요?　[　　]

대답 햄버거와 콜라 주세요.

질문 1) 얼마인가요?　　　　[　　]
　　　　2) 주문 하시겠습니까?　[　　]

대답 삼천오백 원입니다.

질문 1) 여기서 드기겠습니까?　[　　]
　　　　2) 포장해 드릴까요?　　[　　]

대답 네, 포장해 주세요.

대답에 알맞은 질문을 찾아보세요.

초등기초 문장 완성

질문 _____?

대답 아빠다, 문열어라.

질문 _____?

대답 네, 혼자 있어요.

질문 _____?

대답 엄마는 외출하셨는데요.

대답에 알맞은 질문을 찾아보세요.

질문
1) 왜 울고 있니?   [   ]
2) 왜 웃고 있니?   [   ]

대답 친구랑 싸웠어요.

질문
1) 왜 싸웠는데?   [   ]
2) 왜 울고 왔는데?   [   ]

대답 공책에 낙서 하잖아요.

질문
1) 친구랑 싸우면 되니?   [   ]
2) 친구랑 사이좋게 지내야지?   [   ]

대답 아니요, 안그럴께요.

대답에 알맞은 질문을 적어보세요.

질문 _____ ?

대답 탕수육이 먹고 싶어요.

질문 _____ ?

대답 네, 탕수육 먹을게요.

질문 짜장면 먹을래, 탕수육 먹을래?

대답 _____ .

문장을 만들어 볼까요?

예 누가 + 무엇을 + 어찌하다

먹다   수박을   아이가

➡ _____

언니가   탄다   자전거를

➡ _____

주다   선물을   엄마가

➡ _____

문장을 만들어 볼까요?

예 누가 + 무엇을 + 어찌하다

케이크를   만들다   엄마가

➡ _____

그린다   그림을   언니가

➡ _____

오빠가   한다   공놀이를

➡ _____

문장을 만들어 볼까요?

예 무엇이 + 무엇이다

선생님   아빠는   이다

➡ _____

삼촌은   이다   군인

➡ _____

이다   농부   할아버지는

➡ _____

두 문장을 하나로 완성해 보세요.

모자를 샀어요.
너무 작아요.

_____

아이가 손뼉을 쳐요.
소리가 안 나요.

_____

열심히 달렸다.
일등을 했다.

_____

늦잠을 잤어요.
학교에 늦었어요.

_____

두 문장을 하나로 완성해 보세요.

나는 기분이 좋아요.
칭찬을 받았기 때문이에요.

약을 먹었어요.
머리가 아팠기 때문이에요.

나는 개를 좋아해요.
고양이도 좋아해요.

구두를 샀어요.
모자도 샀어요.

두 문장을 하나로 완성해 보세요.

길이 미끄러워요.
눈이 내렸기 때문이에요.

외투를 벗어요.
날씨가 덥기 때문이에요.

빨래가 젖었어요.
비가 왔기 때문이에요.

아기 오리는 슬퍼요.
친구들이 놀렸기 때문이에요.

두 문장을 하나로 완성해 보세요.

키가 커요.
힘은 약해요.

➡ _____

야구는 재미있다.
농구는 재미없다.

➡ _____

토끼는 빨라요.
거북이는 느려요.

➡ _____

축구는 좋아해요.
농구는 싫어해요.

➡ _____

그림에 맞게 문장을 만들어보세요.

오빠가	언니가
컵을	우유를
들어요	마셔요

___

토끼가	오빠가
채소를	고기를
좋아해요	먹어요

___

민달팽이 사회적 협동조합은?

"달라도 괜찮아 ~느려도 괜찮아~ 우리 함께"라는 가치를 통해

느린학습자인 장애아동들의 학습을 지원하는 장애아동 전문 교육기관입니다.

장애아동 학습지원서비스와 도서출판 민달팽이는 장애아동 개개인의 잠재능력을

최대한 신장시켜 희망찬 내일을 함께 도우며 동반성장에 앞장서고 있습니다.

지역 장애인들에게 지역사회통합과 사회구성원으로서의 자립을 돕고 있는

민달팽이 장애인 주간보호센터와 장애인 평생직업 재활센터를 통해 장애인의

자립을 도우며 장애인 예술단 활동을 펼쳐 함께 사는 세상을 만들고 있습니다.

느린학습자를 위한 교재 시리즈

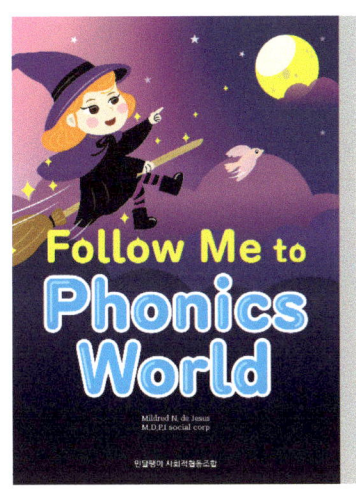

Follow Me to Phonics World

스스로 학습하고 따라 하기가 어려운 느린 학습 아동들의 학교 공부를 따라갈 수 있도록 이해하기 쉬운 설명과 재미있는 문구로 제작된 영어 교재

스피킹 UP

단어와 문법이 어려워 영어학습에 자신이 없는 특수교육 아동들에게 기존에 없는 쉬운 영어학습법을 통해 영어의 자신감을 키워줄 영어 자신감 향상 지도 교재

기초탄탄 셈공부 계산박사 1, 2

기초학습능력을 길러 학습이해력을 높이고 자신감을 향상시켜 일상생활에 필요한 기초지식을 함양하도록 돕는 교재

느린학습자를 위한 교재 시리즈

자신감시리즈 1, 2, 3, 4

단계별 학습을 통해 자신감을 회복하여 학습에 흥미를 가지고 학습에 즐거움을 느낄 수 있도록 제작된 자신감 향상 시리즈

느린학습자를 위한 교재 시리즈

징검다리 시리즈 1, 2, 3, 4

말하기, 생각하기, 기억하기, 뛰어가기 활동을 통해 한 단계 한 단계 차근차근 학습을 진행할 수 있도록 돕는 단계별 학습지도 교재

느린학습자를 위한 교재 시리즈

인지활동 워크북 1, 2, 3, 4

노인 및 장애아동들의 학습 및 인지능력 향상을 통해 안정된 심리상태를 유지하고 향상하는 능력을 함양하도록 돕는 교재

느린학습자를 위한 교재 시리즈

 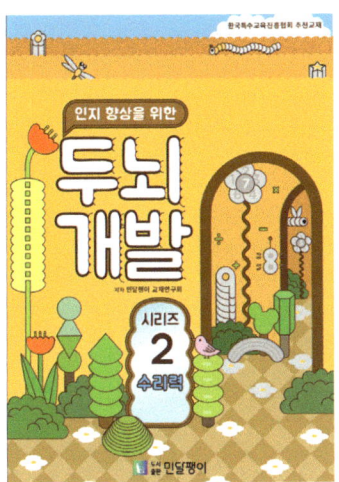 

두뇌개발 1, 2, 3

장애로 어려움이 있는 아동들과 함께 경도 인지장애를 가진 노인들을 대상으로 제작되어 인지활동을 통해 두뇌활성을 돕는 활동책

초등수학 자릿수를 알아요

자릿수 학습을 통해 숫자를 효과적으로 읽고 이해할 수 있도록 수를 이해하고 해석할 수 있도록 도와줌으로써 계산을 쉽게하고 숫자간의 관계를 명확히 판단하도록 돕는 교재

주사위 곱셈

느린학습자 아이들이 주사위를 사용하여 자연스럽게 수의 곱셈을 학습할 수 있는 교재

느린학습자를 위한 교재 시리즈

사회성 향상 워크북 1, 2

노인 및 장애 아동들의 학습 및 인지능력 향상을 통해 안정된 심리상태를 유지하고 향상하는 능력을 함양하도록 돕는 교재